45 TRÜMMER-HERZEN

ARIN REITERER

CARIN REITERER VERLAG

Bibliografische Information Der Deutschen Bibliothek

Die Deutsche Bibliothek verzeichnet diese Publikation in der Deutschen Nationalbibliografie; detaillierte bibliografische Daten sind im Internet über http://dnb.ddb.de abrufbar.

Originalausgabe

ISBN 3-9807755-6-9

Herstellung: Books on Demand GmbH

Trümmer

Wenn Du
vor
den Trümmern
Deines Lebens
stehst
such
nach
einem Stück
das
unversehrt
geblieben
ist
für
einen neuen Anfang

Sinnlos

Wie
soll
das
einen Sinn
ergeben
ich
kann
nicht
mit Dir
und
nicht
ohne Dich
leben

Sinnvoll

Der Sinn
des Lebens
ist
die Liebe

Der Sinn
meines Lebens
ist
Dich zu lieben

Meine ganze Welt

Meine ganze Welt
dreht sich
nur
um
Dich

Wohin
woher
woher
wohin
Du
gehst
mir
nicht
mehr
aus
dem
Sinn

Gar nicht

Ich weiß
gar nicht
wie mir
geschieht
ich glaube
ich habe
mich in Dich
verliebt

Noch mehr

Was
willst
Du
denn
noch
mehr
ich
liebe
Dich
und
zwar
sehr

Paradox

Ich wünschte
Du wärst
nah
bei mir
und
schicke Dich
doch
fort
von hier

So oft

So oft
vergriffen
so oft
vertan
so oft
enttäuscht
so oft
allein
-Wird
es
diesmal
anders
sein?

Zeichen der Zeit

Lernen
die Zeichen der Zeit
zu erkennen
lernen
mich von Dir
zu trennen
lernen
mich nicht mehr
zu verrennen
lernen
die Zeichen der Zeit
zu erkennen

Lernen

etwas

zu riskieren

lernen

etwas

zu probieren

lernen

zu akzeptieren

letzten Endes

auch

Dich

zu verlieren

Phänomenal

Wie
kann
es
sein,
daß
ich
alles
für
Dich
geschrieben
habe,
ohne
Dich
gekannt
zu
haben?

Wie sehr
muß
ich
Dich
lieben
denn
ohne es
zu wissen
habe
ich
alles
für
Dich
geschrieben

Sterne

Wenn
Du
mich
in
Deine
Arme
nimmst
sehe
ich
Sterne

Laß
mich
der Wind

sein
der
Dich
durch
die Stürme
Deines Lebens

trägt

Meine Seele

Meine Seele
ist
leer
denn
Du
berührst
mich
nicht mehr

Du
bist
fort
...und
  Nacht
  ist
  in
  meiner
  Seele

Aus und vorbei

Ab
heute
bist
Du
mir
einerlei
denn
mit
uns
ist
es
aus
und
vorbei

Deine Liebe

Noch
einmal
Deine
Liebe
spüren
nur
noch
ein
einziges
Mal
und
dann
in
Dir
weiterleben

Schönster Traum

Du
mein Leben
und
mein Tod
Du
ohne Hindernis
und
ohne Verbot
Du
ohne Zeit
und
ohne Raum
Du
meiner Seele
schönster Traum

I

DAS VOLLKOMMENE GLÜCK

Suchst Du Liebe?

Was für eine Frage!
Jeder Mensch sucht Liebe.

Aber Liebe ist nicht gleich Liebe.
Ich meine die einzig wahre Liebe- die Liebe, für die
Du Dein Leben geben würdest.

Wenn ich mein Leben dafür gebe, lerne ich die wahre
Liebe ja nicht mehr kennen.

Natürlich mußt Du Dich nicht sofort verabschieden.
Ein paar Momente des Glücks werden Dir gegönnt-
und das Wissen, denjenigen gefunden zu haben, zu
dem Du immer gehören wirst und den Du Dein Leben
lang gesucht hast.

Aber wie kann ich zu jemandem gehören, ohne zu leben?

Das ist unabhängig von Zeit und Raum.

Es ist mehr eine Art Wissen, daß Du eine andere Hälfte besitzt.

Dieses Wissen kann Dir niemand mehr nehmen.

Dies ist die höchste Stufe, die man im Leben erreichen kann- das vollkommene Glück.

Es ist sehr, sehr selten und währt nur kurz.

Aber diese kurze Zeit stellt alles bisher Dagewesene in den Schatten.

Ja, für die wahre Liebe würde ich mein Leben geben- für ein paar Momente vollkommenen Glücks.

Das hört sich sehr verlockend an.

Bedenke, daß Du dieses Versprechen in dem Moment bereuen könntest, in dem Du endlich glücklich bist, ohne dieses Glück lange auskosten zu dürfen.

Der Preis ist mir nicht zu hoch.

Lieber nur ein paar Momente grenzenlos glücklich sein, als nie wirklich geliebt zu haben.

Wenn es soweit ist, mußt Du Dein Versprechen auch einlösen.

Es gibt dann kein Zurück mehr.

Das werde ich tun.

II

GESUCHT UND GEFUNDEN

Ich suche Dich.
Ich fühle eine unbestimmte Sehnsucht in mir.

Ich suche Dich.
Ich habe eine Ahnung von dem, was alles sein könnte.

Ich suche Dich.
Ich habe eine ganz bestimmte Vorstellung von Dir.

Ich suche Dich.
Ich habe Schwierigkeiten, Dich zu finden.

Ich suche Dich.
Ich habe eine Spur von Dir entdeckt.

Ich suche Dich.
Ich komme Dir jeden Tag ein bißchen näher.

Ich suche Dich.
Ich kann Dich noch nicht erreichen.

Ich suche Dich.
Ich gebe die Hoffnung nicht auf.

Ich suche Dich.
Ich kann Dich jetzt spüren.

Ich suche Dich.
Ich bin Dir schon ganz nah.

Ich habe Dich endlich gefunden.
Nimmst Du mich in Deine Arme?

Überleg Dir das gut.
Wenn ich Dich erst einmal in meine Arme genommen
habe, gibt es kein Zurück mehr.
Du mußt Dich jetzt entscheiden, denn Du hast mit
dem Tod getanzt.

III

ZWEI VERSPRECHEN

Ich möchte so gerne viel Zeit mit Dir verbringen...
Warum konnten wir uns nicht früher treffen?

Wenn wir hier herauskommen, werden wir viel Zeit
für uns haben.
Das verspreche ich Dir.

Ich möchte so gerne noch einmal Wärme spüren...
Warum ist es hier so kalt?

Wenn wir hier herauskommen, werden wir nie mehr
frieren.
Das verspreche ich Dir.

Ich möchte so gerne noch einmal den Regen auf meiner
Haut spüren...
Warum sind wir hier gefangen?

Wenn wir hier herauskommen, werden wir nie mehr
vor dem Regen flüchten.
Das verspreche ich Dir.

Ich möchte so gerne noch einmal die Sonne sehen...
Warum sind wir hier eingeschlossen?

Wenn wir hier herauskommen, werden wir nie mehr
im Schatten stehen.
Das verspreche ich Dir.

Ich möchte so gerne noch einmal das Licht sehen...
Warum ist es hier so finster?

Wenn wir hier herauskommen, werden wir nie mehr
in der Dunkelheit stehen.
Das verspreche ich Dir.

Ich möchte so gerne mit Dir weiterleben...
Warum war unsere gemeinsame Zeit so kurz?

Wenn wir hier nicht mehr herauskommen, werden wir
wenigstens gemeinsam sterben.
Versprich es mir.

IV

ZEITREISE

Wir haben uns schon immer gekannt.

Zum ersten Mal sah ich Dich am Anfang der Zeit.

Du warst meine große Liebe.

Wir mußten uns trennen, aber nicht für immer.

Wir trafen uns in der nächsten Epoche wieder.

Wir haben uns schon immer gekannt.

Zum zweiten Mal sah ich Dich viele Jahrhunderte später

Du warst meine große Liebe.

Und wieder mußten wir uns trennen- und wieder nicht für

immer.

Wir trafen uns in der nächsten Epoche wieder.

Wir haben uns schon immer gekannt.

Zum dritten Mal sah ich Dich viele Jahrhunderte später.

Du warst meine große Liebe.

Und wieder mußten wir uns trennen- und wieder nicht für

immer.

Wir trafen uns in der nächsten Epoche wieder.

So ging es immer weiter.

Wieder und wieder trafen wir uns.

Und immer warst Du meine große Liebe.

Und immer mußten wir uns wieder trennen.

Und nun sehe ich Dich wieder.

Ich erkenne Dich sofort, denn Du bist und bleibst
meine große Liebe.

Und wieder werden wir uns trennen müssen.

Doch es wird nur ein Abschied auf Zeit sein.

Ich werde in der nächsten Epoche auf Dich warten.

Und auch ein nächstes Mal werden wir uns wiedersehen.

V

VERLASSEN, DOCH NICHT VERGESSEN

Verlaß mich.
Du mußt Deinen Weg alleine gehen.

Ich möchte Dich aber nicht verlassen.
Wir gehen den Weg gemeinsam.

Verlaß mich.
Ich würde Dir nur im Weg stehen.

Ich möchte Dich aber nicht verlassen.
Ich finde den Weg nicht alleine.

Verlaß mich.
Du wirst stark genug sein, Deinen eigenen Weg
zu gehen.

Ich möchte Dich aber nicht verlassen.
Ich fühle mich so schwach ohne Dich.

Verlaß mich.
Du mußt Dein Leben leben.

Ich möchte Dich aber nicht verlassen.
Ich möchte mein Leben mit Dir verbringen.

Verlaß mich.
Ich kann Dir nicht geben, was Du brauchst.

Ich möchte Dich aber nicht verlassen.
Ich möchte nicht mehr von Dir haben, als Du mir
geben kannst.

Verlaß mich.
Du kannst mit mir nicht glücklich werden.

Ich möchte Dich aber nicht verlassen.
Ich kann ohne Dich nicht glücklich werden.

Verlaß mich.
Du wirst andere Aufgaben in Deinem Leben bekommen.

Ich möchte Dich aber nicht verlassen.
Du bist das Liebste, was ich habe.

Verlaß mich.
Wir müssen das Liebste, was wir haben, loslassen und hergeben- wir können es nicht festhalten.

Ich möchte Dich aber nicht verlassen.
Dich verlieren ist so furchtbar schwer.

Verlaß mich.
Liebst Du mich so sehr, daß Du das schaffst?

Ich möchte Dich nicht verlassen.
Aber ich sehe ein, daß es keine andere Möglichkeit gibt.

Verlaß mich, aber vergiß mich nicht.

Ich verlasse Dich, aber ich werde Dich niemals vergessen.

Du
mein Tod
und
mein Leben
Du
mein Fluch
und
mein Segen
Du
mein Anfang
und
mein Ende
Du
mein Schicksal
liegt
in
Deinen Händen

Ich hätte Dir
die Sterne
vom Himmel
geholt
für Dich
gekreischt
und
gejohlt

Ich wäre
mit Dir
gegen den Strom
geschwommen
hätte
mit Dir
jeden Berg
erklommen

Ich hätte
mit Dir
die letzten Weisheiten
verkündet
mich
mit
dem Teufel persönlich
verbündet

Ich hätte mich
mit Vergnügen
öffentlich
danebenbenommen
unser Geheimnis
mit
ins Grab
genommen

Ich hätte
alles
für Dich
getan
wenn
Du mich
nur
geliebt
hättest

Ich träume einen Traum

Ich träume einen Traum
ohne Zeit und Raum
er handelt von Dir und mir
heute und hier

Ich träume einen Traum
aus der Vergangenheit
er handelt von dem Glück
das auch von Scherben übrigbleibt

Ich träume einen Traum
der sich auf die Zukunft freut
der glücklich ist
der nichts bereut

Ich träume einen Traum
der nie vergeht
der immer bleibt
der in mir lebt

So sehr

Ich liebe Dich
so sehr
daß ich Dich
gehenlassen
kann
weil ich Dich
gehenlassen
muß

Ich
möchte
stark
genug
sein
um
Dich
gehenzulassen
aber
ich
fühle
mich
so
schwach

Seelenverwandt

Du warst
mir
niemals
unbekannt
wir
sind
ganz einfach
seelenverwandt

Ich weiß
was uns
schon immer
verband
wir
sind
ganz einfach
seelenverwandt

Und wenn
ich
alle Zweifel
besiege
...Wie

sage
ich
Dir

nur,
daß
ich
Dich
liebe?

Und wenn
ich es
immer wieder
verschiebe
...Wie

sage
ich
Dir

nur,
daß
ich
Dich
liebe?

Und wenn
ich mich
völlig
verbiege
...Wie

sage
ich
Dir

nur,
daß
ich
Dich
liebe?

Und wenn
mir
eine Ewigkeit
bliebe
...Wie

sage
ich
Dir

nur,
daß
ich
Dich
liebe?

Träume

Ich schenke Dir
meine Träume
- Schenkst Du mir
auch Deine?

Tränen

Schenk mir
Deine Tränen
bei mir
sind
sie
in
guten Händen

Schicksalhaft

Ich werde
Dich lieben
bis an
mein Lebensende
ich nehme
Dein Schicksal
in
meine Hände

Bis...

Du bist
mein Licht
in
der Dunkelheit
der Stern
am Ende
meiner Zeit
ich gehe
mit Dir
bis
ans Ende
der Welt
und bleibe
bei Dir
bis
der Vorhang
fällt

So gerne

Ich
möchte
Dir
so gerne
vertrauen
würde
so gerne
auf
Dich
bauen
doch
was
wird
dann
mit
mir
passieren
werde
ich
wieder
alles
verlieren

Kinderträume

Ich möchte
mit Dir
sein
überall und nirgendwo
meinetwegen irgendwo
wir ziehen
mit dem Wind
dorthin
wo
unsere Kinderträume
sind

Noch einmal

Laß uns
noch einmal
alles
riskieren
laß uns
noch einmal
alles
probieren
ehe wir
uns ganz
aus
den Augen
verlieren

Jede Hürde

Du bist
die Liebe
die
erst dann
richtig
beginnt
wenn man
jede Hürde
einzeln
nimmt

Leere

Mein Herz
ist leer
Du fehlst mir
so sehr

Meine Seele
ist leer
ich vermisse Dich
so sehr

Immer noch traurig

Immer noch
traurig
Dir Lebewohl
zu sagen

Immer noch
traurig
Dich verloren
zu haben

Verkehrt

Du drehst
mein Inneres
nach außen
doch
das ist
nicht schlimm
denn
dadurch
läßt Du mich
so sein
wie ich bin

Wunschkind

So schön
und
so verlockend
mich
mit
Dir
freuen
und
Deine Tränen
trocknen
keine Freude
verpassen
Dich
irgendwann
gehenlassen
ich
würde
Dich
so sehr
lieben

Mein letztes Goodbye

Es
hat
keinen Sinn
mich
zu suchen
ich
habe
Dir
mein letztes Goodbye
gesagt